SO WIRD'S GEMACHT

Öffne das LÜK®-Kontrollgerät und lege die Plättchen in den unbedruckten Deckel. Jetzt kannst du auf den Plättchen und auf dem Geräteboden die Zahlen 1 bis 24 sehen.

Beispiel: auf Seite 2 „Hunderterfeld"
Nimm das Plättchen 1, sieh dir Aufgabe 1 an: Zu welcher Zahl kommst du? Es ist die „45". Unter der Lösung steht die 3. Die 3 ist auch die Feldzahl, auf die du das Plättchen im Kontrollgerät legen musst. Lege also das Plättchen 1 auf das Feld 3 im Geräteboden. Die Zahl 1 muss nach oben zeigen.

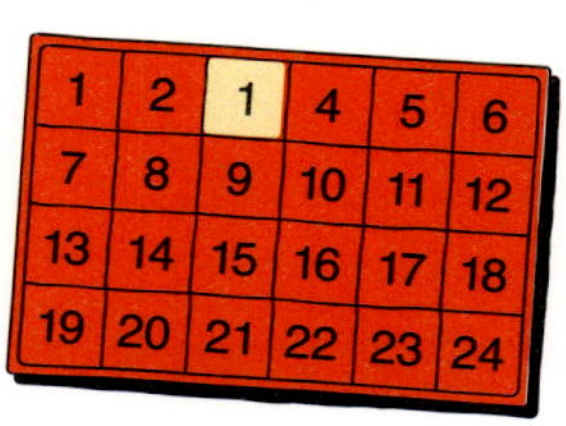

So arbeitest du weiter, bis alle Plättchen im Geräteboden liegen. Schließe dann das Gerät und drehe es um.

Öffne es von der Rückseite. Wenn du das bei der Übungsreihe abgebildete Lösungsmuster siehst, hast du alle Aufgaben richtig gelöst.

Passen einige Plättchen nicht in das Muster, dann hast du dort Fehler gemacht. Drehe diese Plättchen da, wo sie liegen, um, schließe das Gerät, drehe es um und öffne es wieder. Jetzt kannst du sehen, welche Aufgaben du falsch gelöst hast. Nimm diese Plättchen heraus und suche die richtigen Ergebnisse. Kontrolliere dann noch einmal. Stimmt jetzt das Muster?
Das System ist für alle Übungen gleich: Die roten Aufgabennummern im Heft entsprechen immer den **LÜK**-Plättchen aus dem Kontrollgerät. Die Zahlen hinter den Lösungen sagen dir, auf welche Felder des Kontrollgerätes du die Plättchen legen musst.
Und nun viel Spaß!

2 HUNDERTERFELD

Mal ganz ehrlich, ich musste zwar eine ganze Weile überlegen, aber dann hat's **KNACK** gemacht in meinem Kopf.
Jetzt bist du dran, zu welcher Zahl kommst du, wenn du die → ← beachtest?

1			4	5			8	9	10
11		13			16	17			20
	22			25		27	28		30
			34	35	36			39	
41	42	43	44	45	46		48		50
	52				56			59	
		63				67	68		
			74	75	76				80
81			84		86	87		89	
		93					98		

	START		ZIEL
1	27	↓ ← ← ↓	
2	39	↓ ← ↓ ←	
3	53	← ↑ ↑ →	
4	46	↓ ↓ → →	
5	74	← ← ↑ ←	
6	85	↑ ↑ ← ↑	

	START		ZIEL
7	78	↑ ↑ → ↑ ↑ ↑	
8	25	↓ → → → ↓ ↓	
9	77	→ ↓ → → ↑ ↑	
10	76	→ ↑ → → ↑ ↑	
11	22	→ ↑ → ↑ → ↓	
12	14	↓ ↓ ↓ → ↓ ↓	

LÖSUNG

15	29	33	45	49	54	57	58	61	65	68	70
16	11	2	3	8	6	5	15	7	12	4	1

LÖSUNG

33	35	44	48	49	53	54	57	62	67	77	78
24	17	13	22	23	20	21	14	19	9	18	10

4

ZAHLEN DARSTELLUNGEN

1 und 2

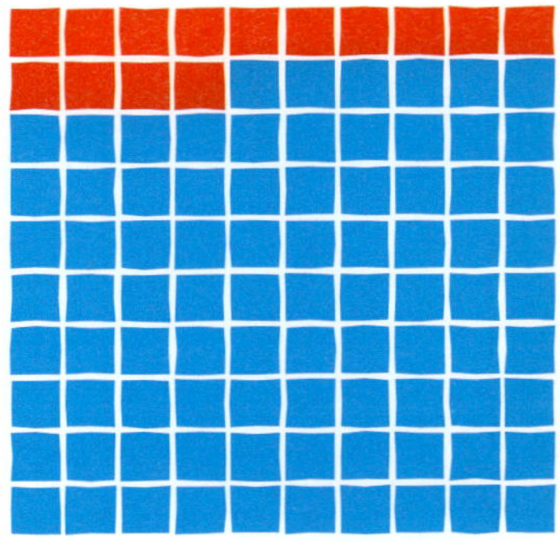

3 und 4

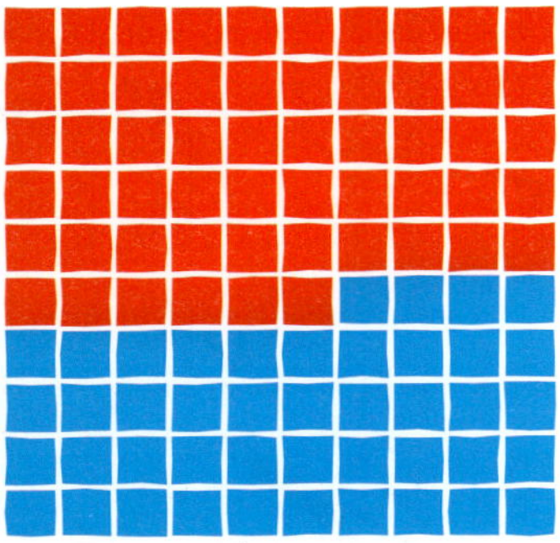

5 und 6

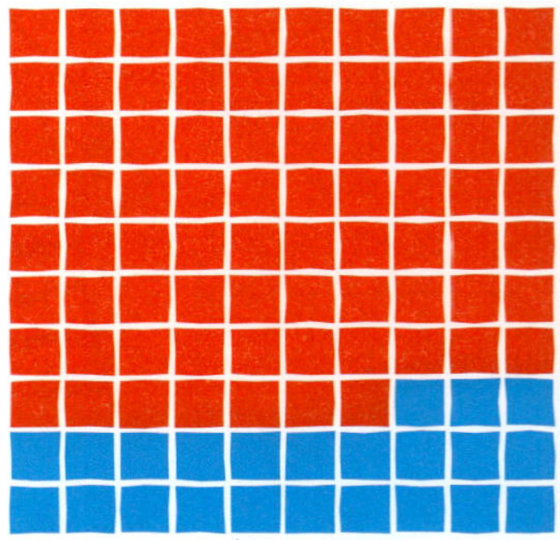

7 und 8

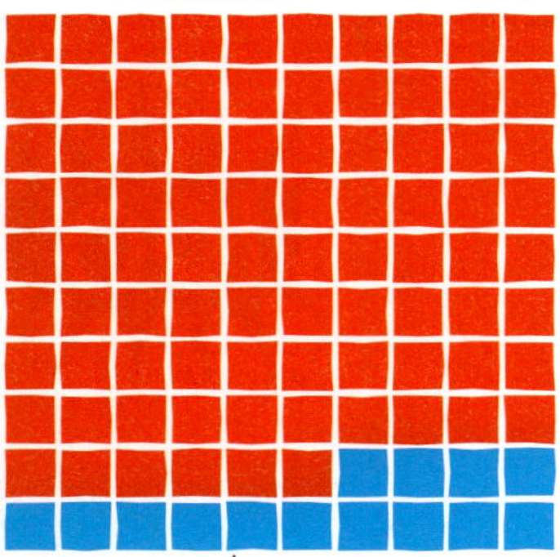

9 und 10

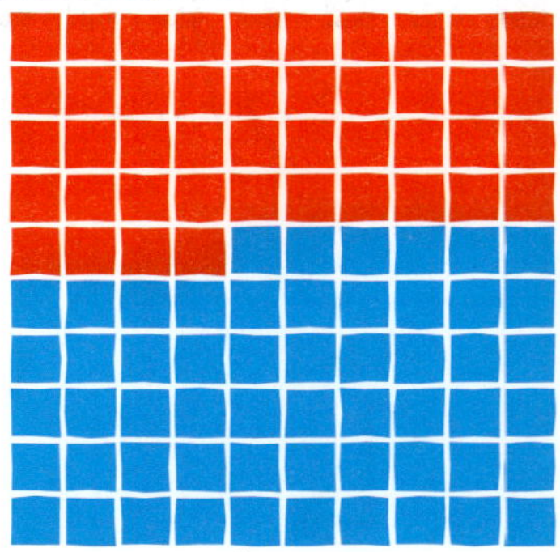

11 und 12

LÖSUNG

14	22	56	9
14	10	56	1
23	18	77	2
23	6	77	14
44	5	86	21
44	13	86	17

UND ZAHLENSTRAHL

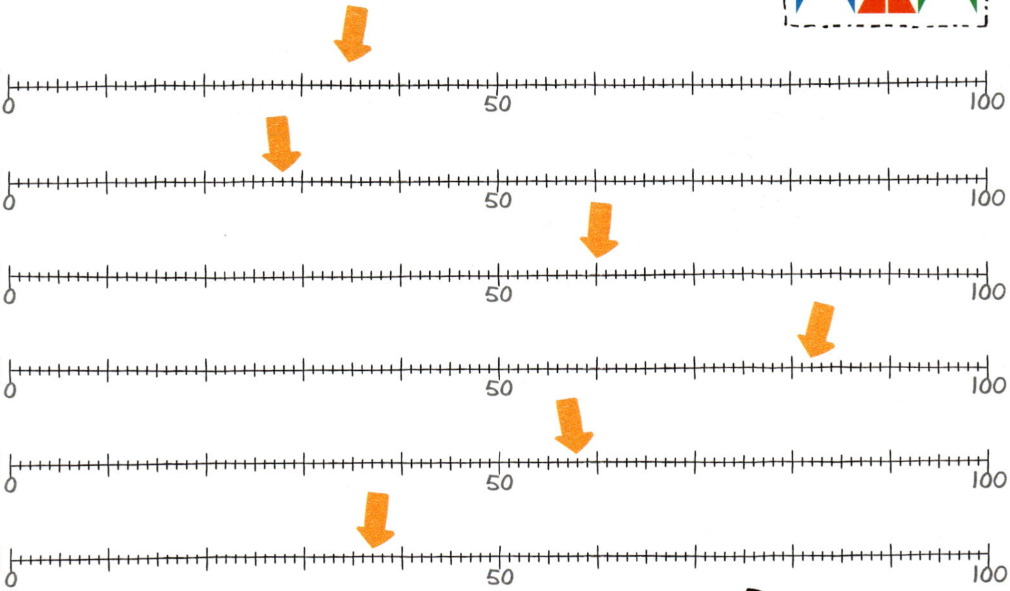

13 14 15 16 17 18

Pfeile reserviere ich sonst ja ganz gern für meine Blödbrüder, hier geht's aber **natürlich** um was ganz anderes. Auf welche Zahl zeigt der ⬅ ?

LÖSUNG

26	28	31	35	37	54	58	60	62	73	82	85
11	20	12	24	16	3	8	15	19	4	23	7

19 20 21 22 23 24

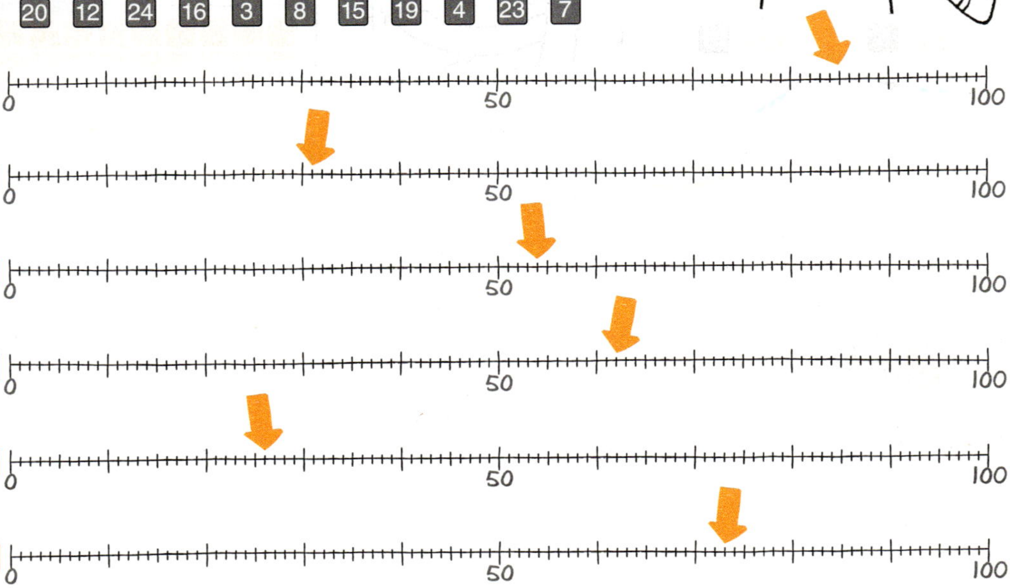

6 VORTEILHAFTES ZERLEGEN BEIM ADDIEREN

SO GEHT DAS

15 + 19 = 34

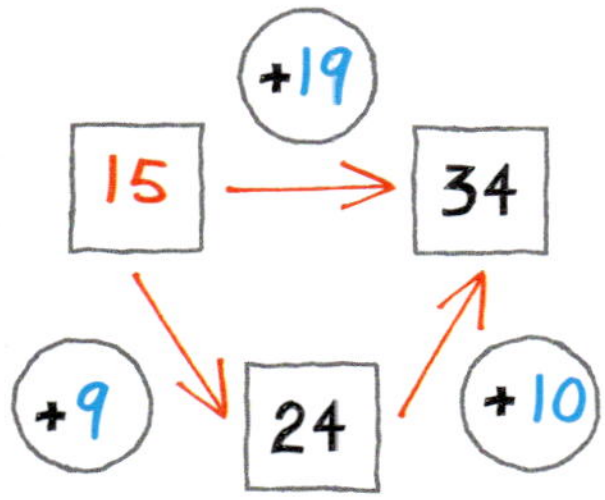

Genau das hab ich gedacht, als ich die Aufgaben das erste Mal gesehen habe. Aber dann habe ich sehr lange auf die Kästchen ■ ■ gestarrt… und plötzlich hab ich's kapiert! Und du kannst das auch!

Probier's einfach: Zerlege clever und addiere dann!

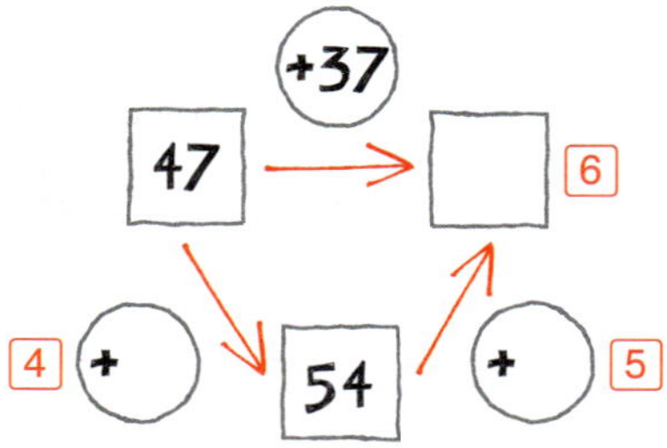

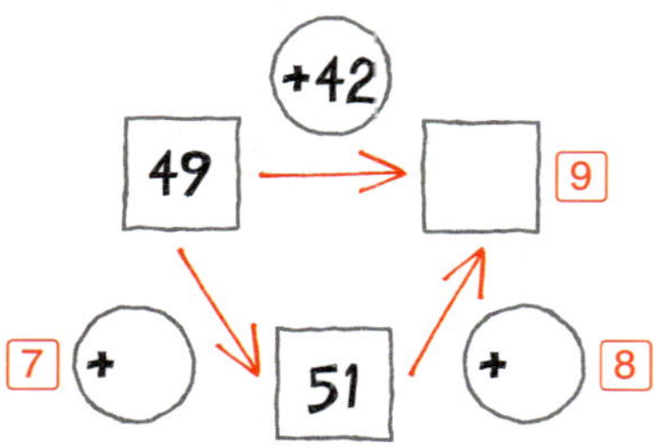

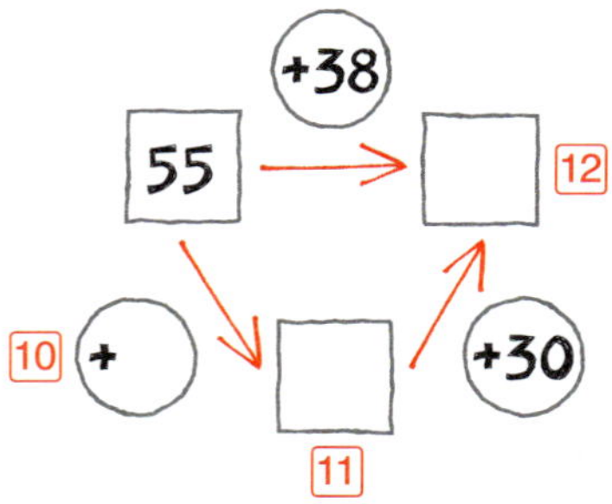

LÖSUNG

2	15
6	12
7	11
8	20
20	4
30	19
40	23
63	24
64	7
84	3
91	8
93	16

UND BEIM SUBTRAHIEREN

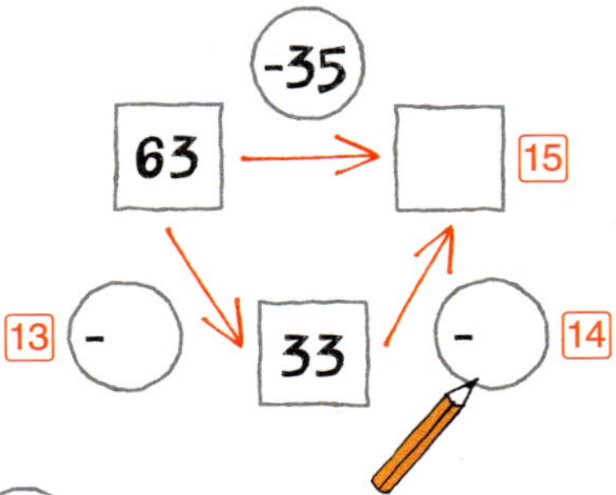

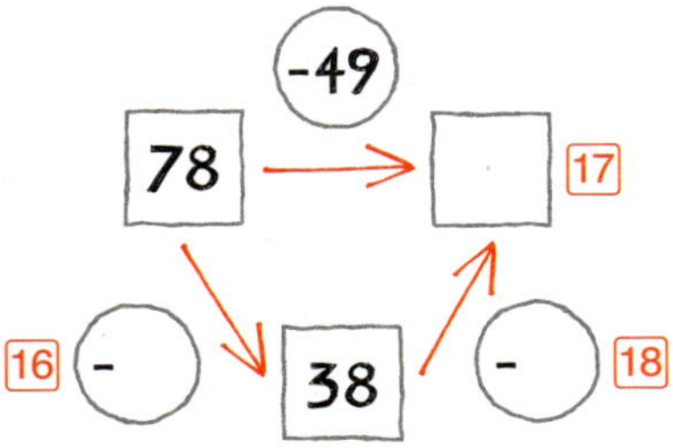

SO GEHT DAS

42 - 27 = 15

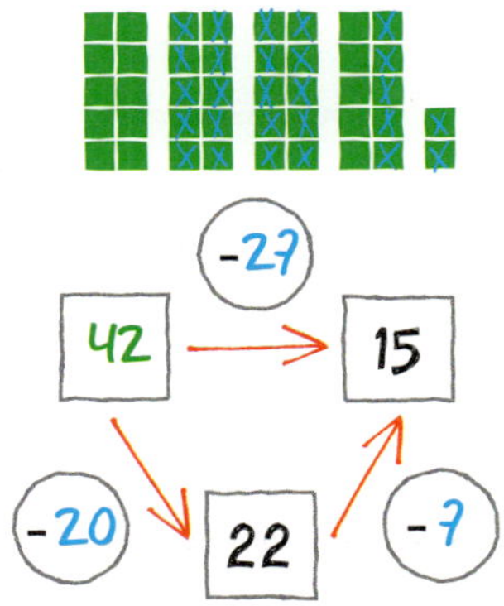

Das hier ist im Grunde dasselbe in **GRÜN**. Oder wie meine Mathelehrerin sagen würde: „das gleiche Prinzip!" Und wo sie Recht hat, hat sie Recht. **Also jetzt du:** Subtrahiere in zwei Schritten.

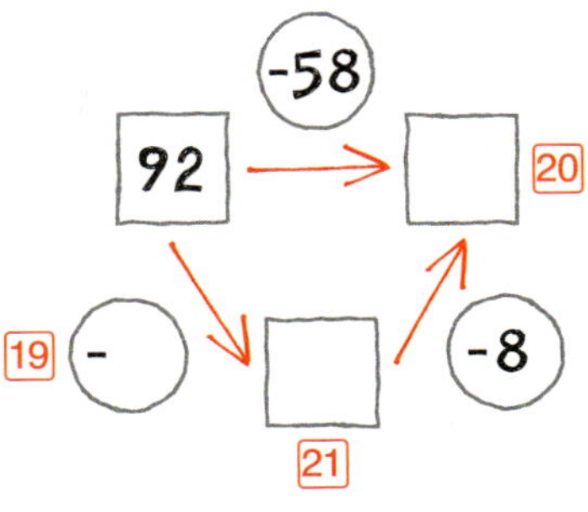

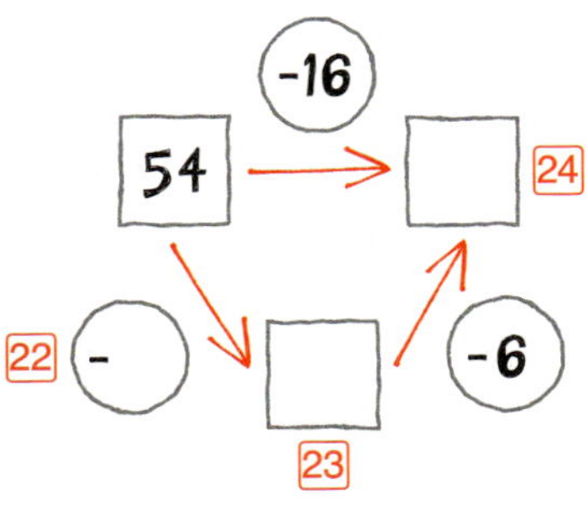

LÖSUNG

5	9
9	2
10	10
28	1
29	22
30	5
34	18
38	13
40	6
42	14
44	17
50	21

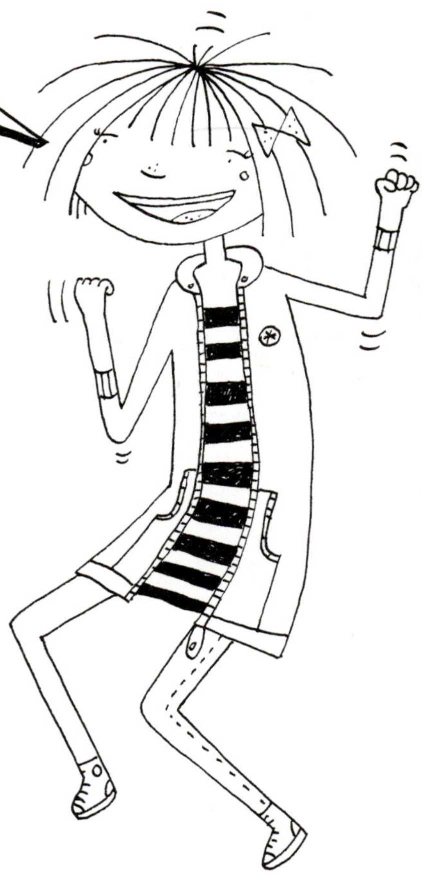

ADDIEREN

SO GEHT DAS

	96	
64		32
46	18	14

Sehr niedlich die Pyramiden, das findet sogar CHEYENNE! Und die hat mit Mathe ja nun bekanntlich so gar nichts am Hut. Aber was meinst du, wie die **plötzlich** losgerechnet hat und das gar nicht mal so falsch. Scheint also zu funktionieren, die Mäto..., die Meto..., äh, das Prinzip.

69
[1] ___ | 27
28 | 14 | ___ [2]

[3] ___
53 | 43
38 | 15 | ___ [4]

100
53 | ___ [6]
[5] ___ | 29 | 18

[10] ___
44 | 45
[9] ___ | 18 | 27

95
[7] ___ | 44
22 | 29 | ___ [8]

[11] ___
49 | 33
33 | 16 | ___ [12]

LÖSUNG

13	15	17	24	26	28	42	47	51	82	89	96
24	3	12	7	20	15	16	23	11	4	8	19

UND SUBTRAHIEREN MIT ZEHNERÜBERSCHREITUNG

Und dann hat sie immer weitergerechnet und ich hab schon **Angst** bekommen, dass sie überhaupt nicht mehr mit mir spielen will, sondern immer nur rechnen und dann **INGENIEUR-FÜR-IRGENDWAS-MIT-GANZ-VIEL-MATHE** wird und dann **ÜBERHAUPT KEINE ZEIT MEHR FÜR MICH HAT.** **Also Vorsicht,** Mathe kann wirklich süchtig machen. In echt!

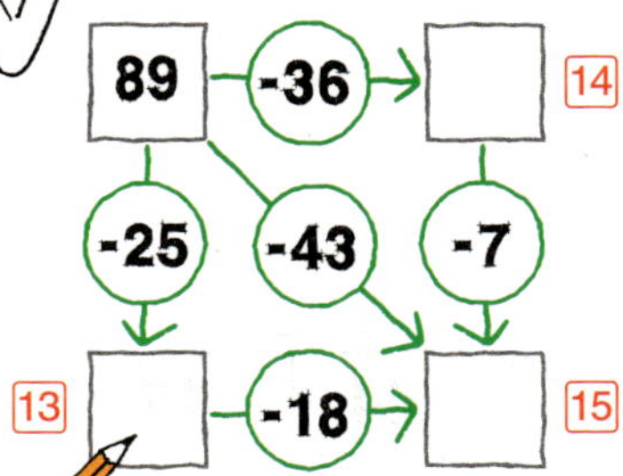

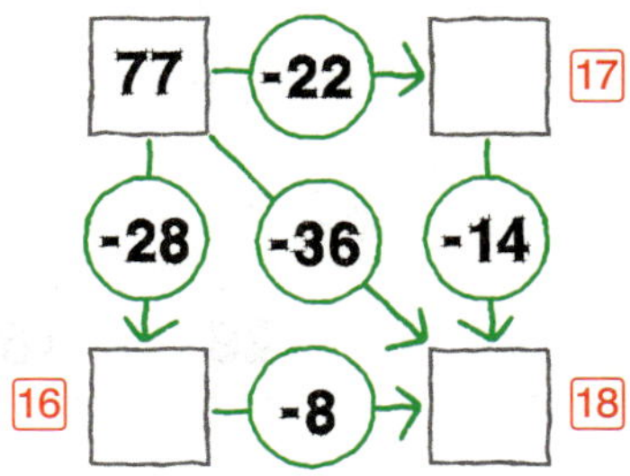

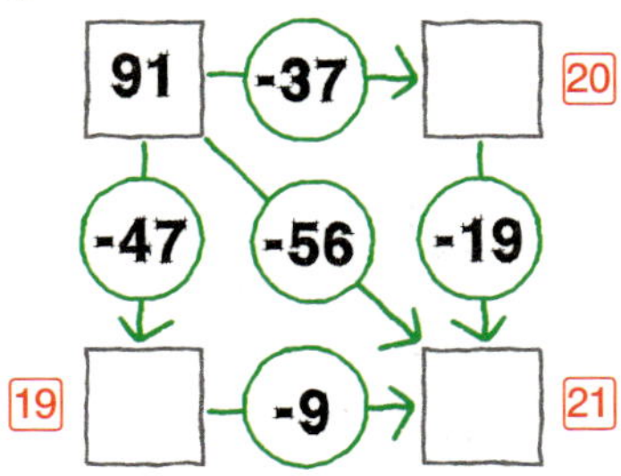

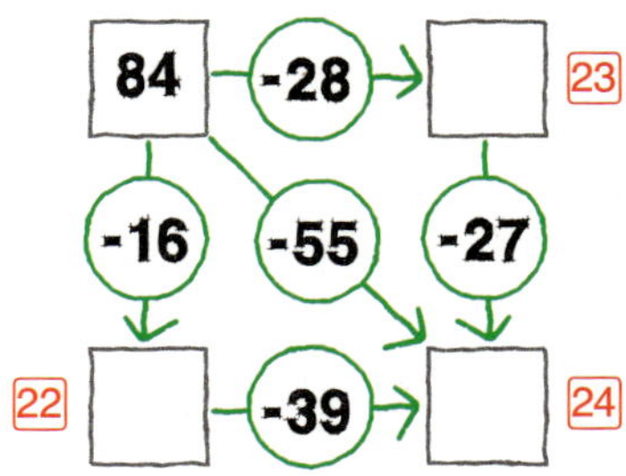

LÖSUNG

29	35	41	44	46	49	53	54	55	56	64	68
1	2	14	5	13	22	17	10	6	9	21	18

10 RECHENDREIECKE

So, Cheyenne ist jetzt weg. **Zum Glück** ist sie wieder normal! Sie hatte dann doch keine Lust mehr, mit mir Matheaufgaben zu machen, nachdem ihr wieder eingefallen ist, dass sie mit **Chanell** zu irgend so einem *Babyfilm* ins Kino muss.
Jetzt habe ich meine **PYRAMIDEN** wieder ganz für mich, auch schön.

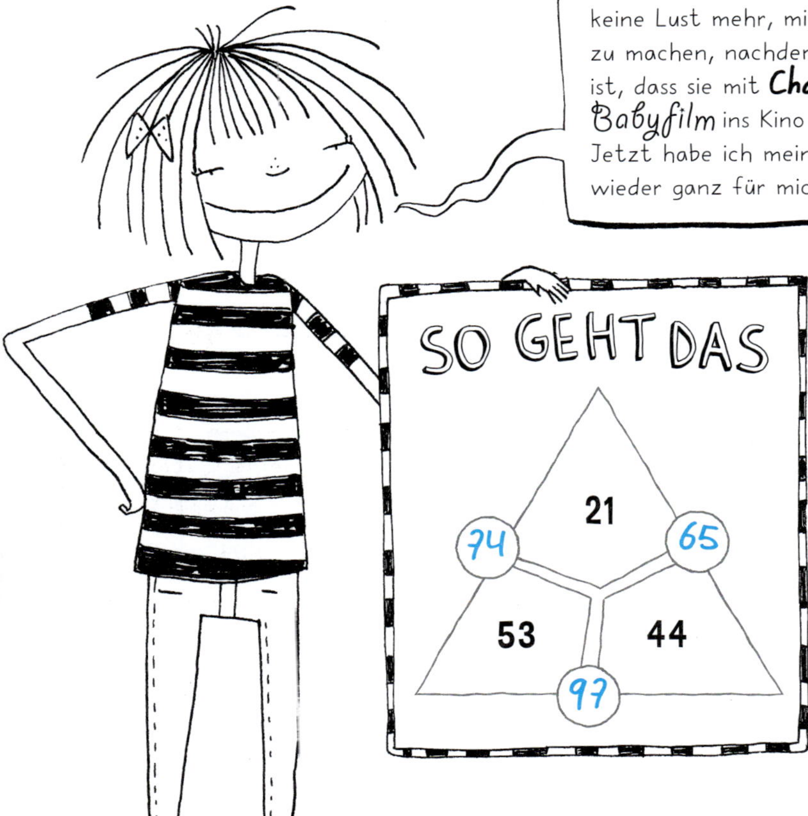

LÖSUNG

33	9	82	13
35	23	84	24
47	19	85	4
52	10	91	17
73	18	94	14
75	20	96	3

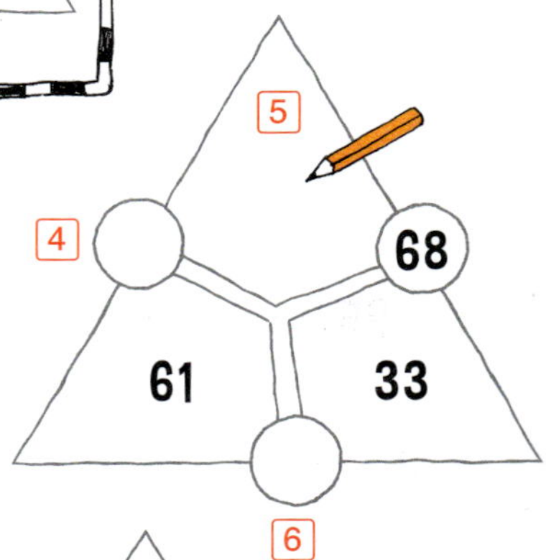

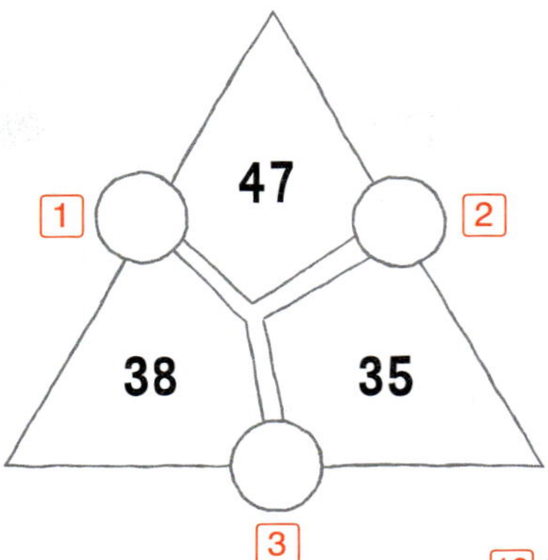

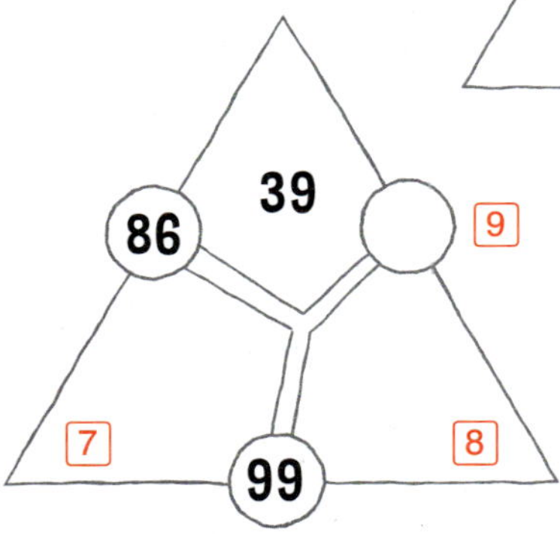

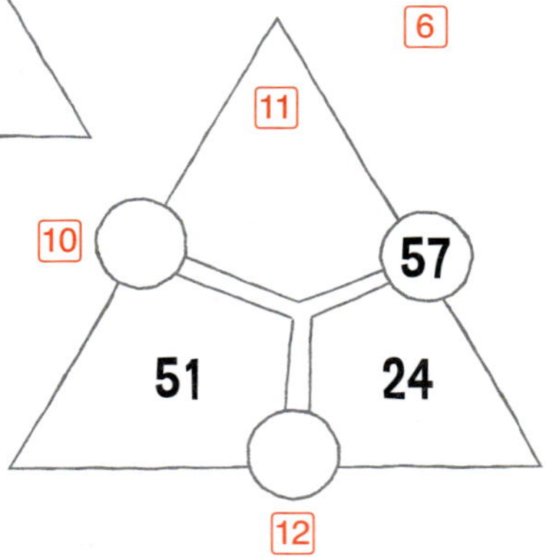

ZAUBER DREIECKE

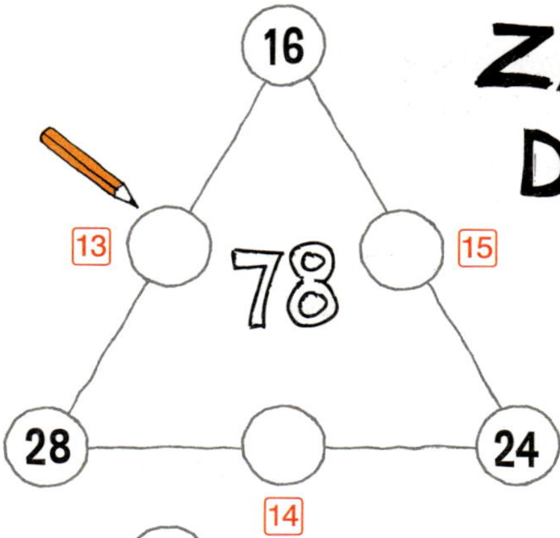

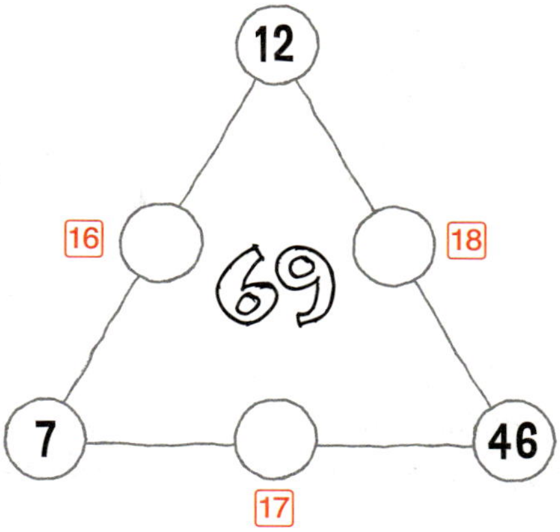

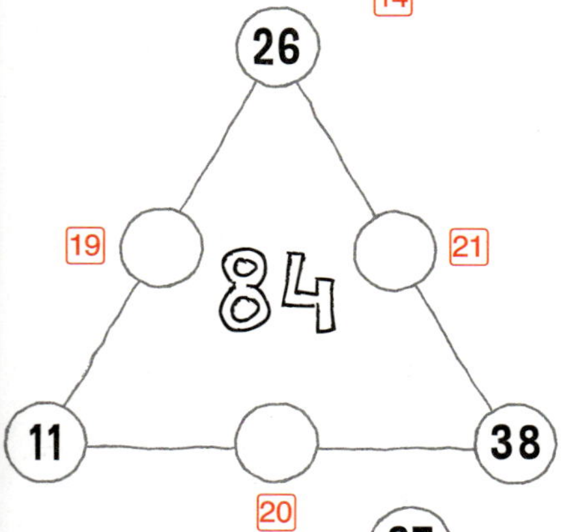

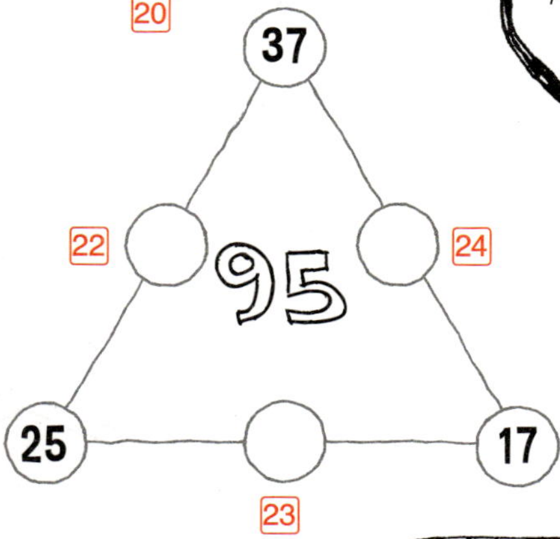

LÖSUNG

11	6	35	22
16	7	38	5
20	11	41	12
26	1	47	8
33	2	50	15
34	16	53	21

12 LAGEBEZIEHUNGEN

1 **hinten rechts** 2 **vorne links** 3 **in der Mitte**
4 **vorne rechts** 5 **hinten links**

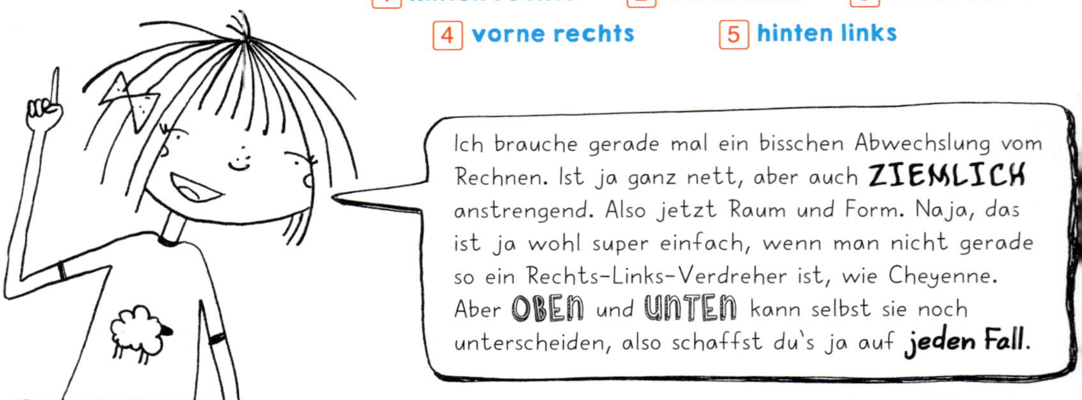

6 **genau in der Mitte** 7 **links unten** 8 **oben in der Mitte** 9 **unten rechts**
10 **oben links** 11 **unten in der Mitte** 12 **oben rechts**

Und diese Aufgabe hab ich mir ausgedacht. **HA, HA, HA!** Natürlich mache ich Witze, aber diese **Papierfliegersache** kommt zumindest meinem Verständnis von super cool ziemlich nahe. ***Los, einfach nachzählen!***

LÖSUNG

8	5	9	11	4	3	1	2	10	6	7	12
20	13	14	10	24	23	9	17	19	3	4	18

FIGURKEN

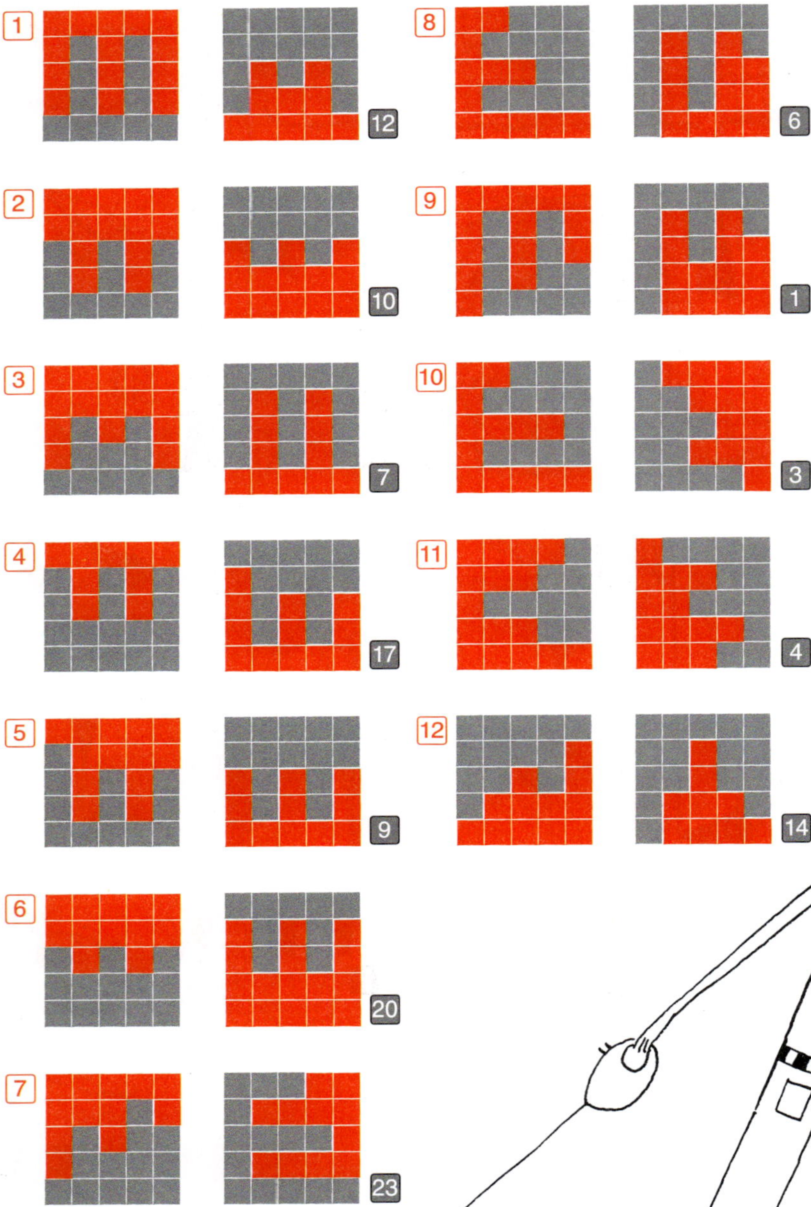
1
12
8
6
2
10
9
1
3
7
10
3
4
17
11
4
5
9
12
14
6
20
7
23

Die kleinen
QUADRATMONSTER
finde ich total süß.
Die sehen doch
wirklich so aus, als
hätten sie Gesichter,
findest du nicht?
Auf jeden Fall
findest du die beiden
Figuren-Teile,
die zusammen ein
Quadrat ergeben.
I ♡ Pets

13	1	2	1	2
14	2	2	1	1
15	2	1	3	0
16	1	2	2	1
17	0	2	3	1
18	1	0	2	3
19	2	1	1	2
20	1	1	2	2
21	1	2	0	3
22	0	2	2	2
23	1	3	1	1
24	2	2	0	2

5

2

8

16

24

19

18

21

11

15

13

22

KÖRPER 16

Also, nur für euch zur Info, ich spiele schon seit **EWIGKEITEN** nicht mehr mit diesen dänischen Plastiksteinchen für Anfänger! Die habe ich den **BlöDbrüDern** vererbt. Die bauen daraus jetzt immer irgendwelche Wurfgeräte und schmeißen sie sich gegenseitig an den Kopf. Das waren noch Zeiten, als ich damit – **FRIEDLICH!** – die schönsten Häuser für meine Schnecken, Käfer und Regenwürmer gebaut habe! Die sahen diesen **WÜRFELN** gar nicht mal so unähnlich. Achso, wievel sind das denn hier jeweils?

1

2

3

4

5

6

7

8

9

10

11

12

LÖSUNG

15	15	16
18	1	10
16	17	17
6	9	13
18	18	19
21	2	14
19	20	20
5	17	22

13

14

15

16

17

18

19

20

21

22

23

24

12

2	2	1
2	1	1
1	2	1

23

2	2	1
2	2	2
1	0	1

4

2	1	1
1	2	1
1	1	1

15

2	2	1
1	0	2
2	1	2

3

2	1	2
2	1	1
2	1	2

16

2	1	2
2	1	1
0	1	2

19

2	1	2
2	1	2
2	1	0

8

2	2	1
2	2	0
1	1	2

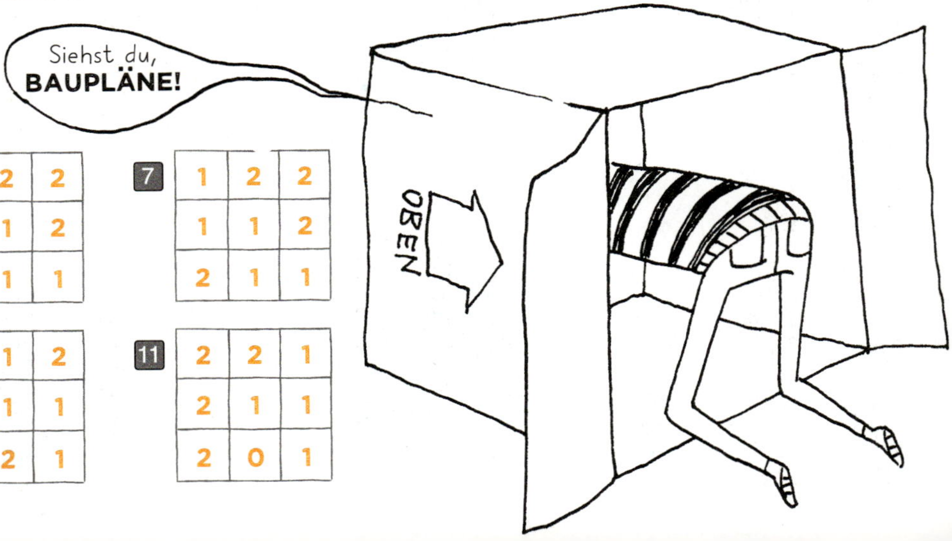

24

2	2	2
2	1	2
0	1	1

7

1	2	2
1	1	2
2	1	1

20

2	1	2
1	1	1
1	2	1

11

2	2	1
2	1	1
2	0	1

18 LÄNGEN

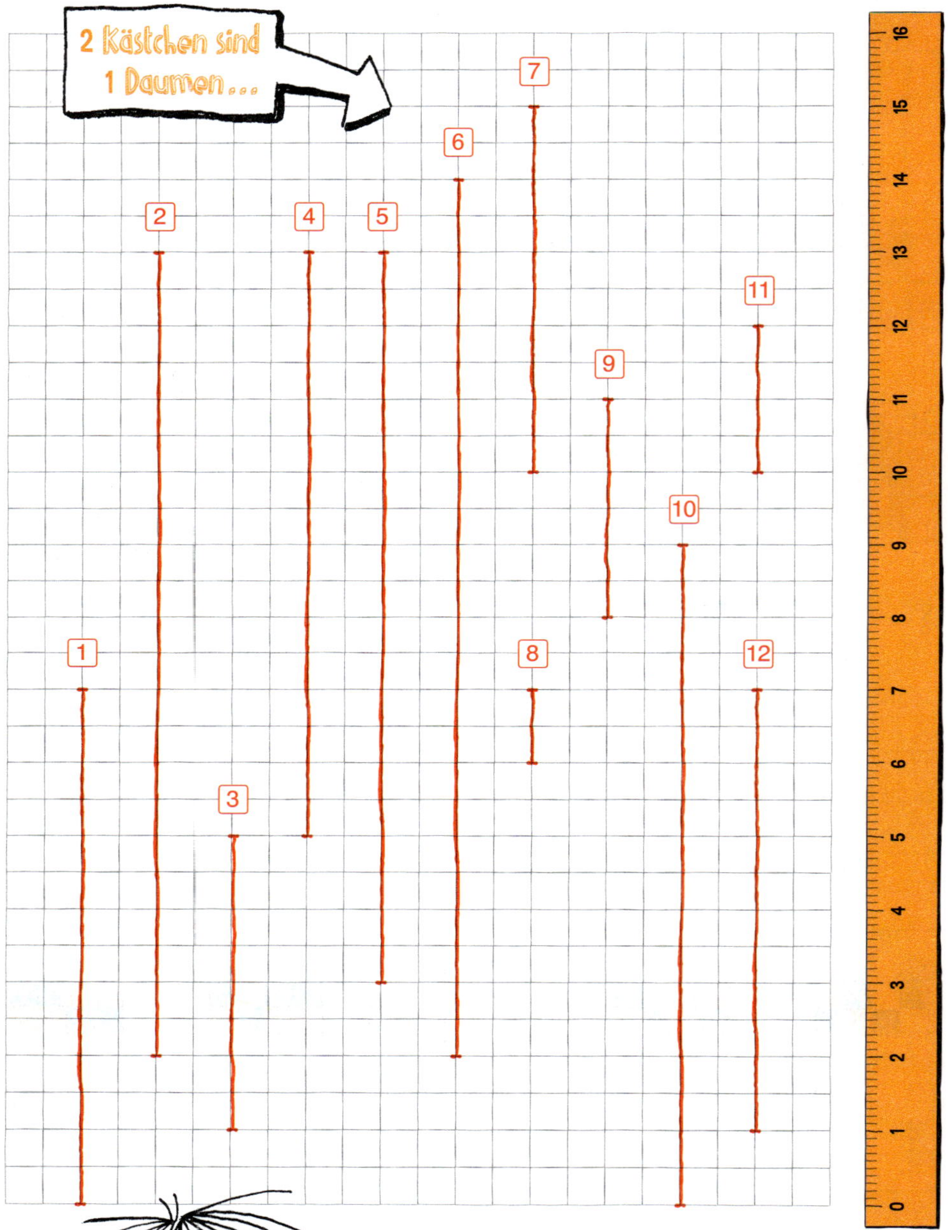

Geometrie finde ich ja ganz lustig, das gibt's wenigstens was zum Anschauen. Zum Messen nehme ich immer meinen linken **Daumen**. Wenn ich den **plattdrücke**, ist der ziemlich genau einen Zentimeter breit. Wie breit ist dein Daumen? **Übrigens** ist die Anzahl der Zentimeter jeweils auch die **LÖSUNG**

UND SYMMETRIƎ

GEOMETRISCHE UND

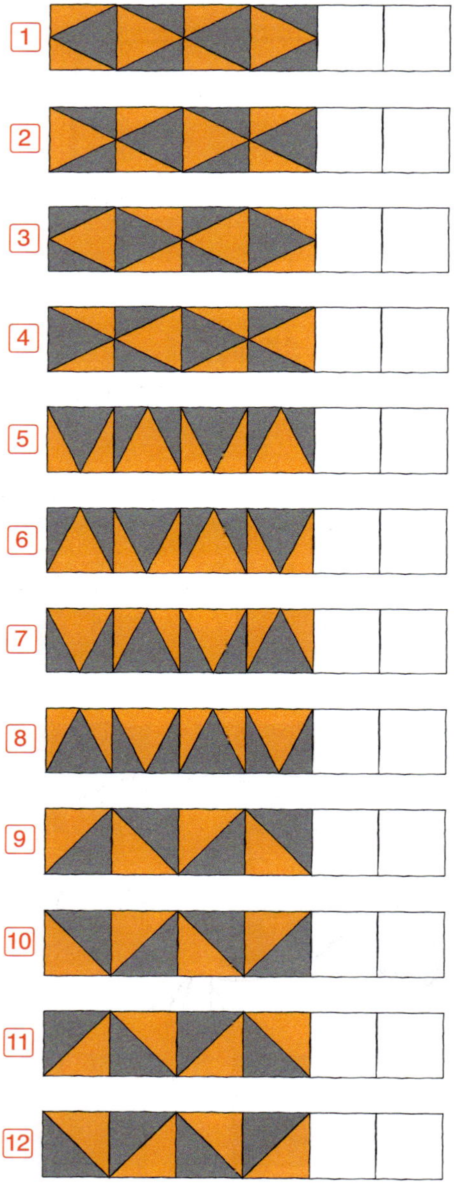

ARITHMETISCHE MUSTER

13

25+13=	
26+14=	
28+16=	

14

13+13=	
24+24=	
35+35=	

15

41+39=	
42+38=	
43+37=	

16

23+37=	
25+39=	
27+41=	

17

10+ 3=	
30+ 4=	
70+ 6=	

18

21+27=	
20+26=	
18+24=	

19

35+24=	
34+25=	
32+27=	

20

10+42=	
14+46=	
16+48=	

21

33+2=	
36+4=	
42+8=	

22

53+11=	
56+12=	
62+14=	

23

12+15=	
12+16=	
12+18=	

24

43+3=	
39+7=	
37+9=	

Das sieht mir ja sehr **stark** nach INTELLIGENZTEST aus. Aber lass dich nicht abschrecken, hier geht's nicht um die Aufnahme in den lokalen Club der **SUPERHIRNE**. Hier geht's um **MUSTER** bei der Suche nach der passenden Gleichung!

LÖSUNG

22	12+17=		16	27+15=		2	44+36=	
21	12+44=		12	33+26=		6	46+46=	
1	19+25=		7	39+6=		11	50+5=	
15	21+35=		8	41+5=		5	59+13=	

22 MAGISCHE QUADRATE

Ganz ehrlich? Hier muss ich passen. Ich kapier's **echt** nicht. **DU** vielleicht?

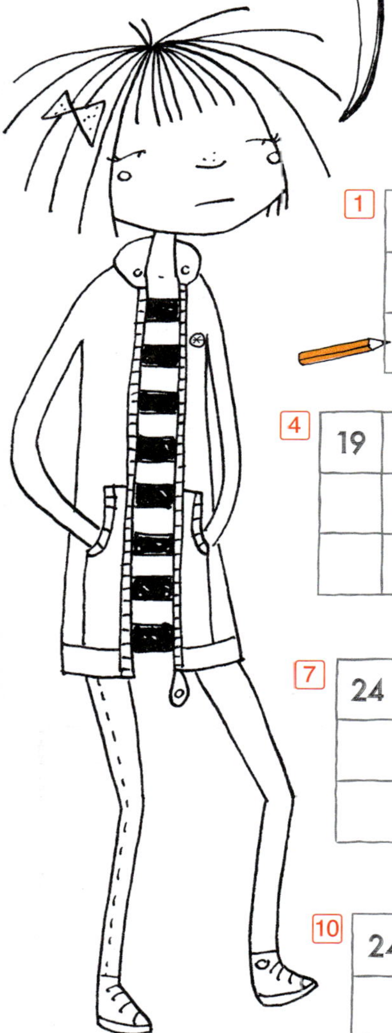

SO GEHT DAS

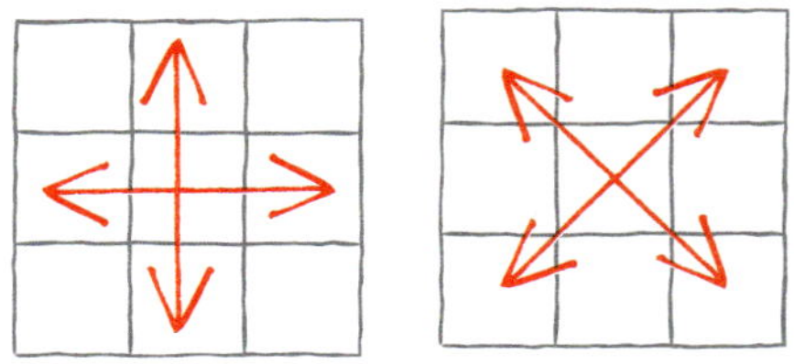

beim Addieren in alle Richtungen erhälst du das gleiche Ergebnis

1

15	8	
18	14	
	◯	13

2

18		◯
28		
26	16	30

3

		25
19	23	27
	◯	17

4

19		◯
	28	22
	16	37

5

28	4	
12	18	
◯		8

6

42	◯	36
	33	
30		24

7

24		◯
	15	21
	27	6

8

◯		11
13	8	15

9

10	37	
43	25	7
	◯	40

10

24		
	30	26
◯	22	36

11

20		◯
13		
15	21	12

12

25		21
	◯	
17	27	13

LÖSUNG

9	13	14	17	18	19	20	21	22	25	31	32
5	8	1	6	21	22	12	10	9	11	7	2

UND ZAHLENREIHEN

7, 10, 13, 16, [ ] 13

REGEL IMMER ( ) 14

37, 35, 33, 31, [ ] 15

REGEL IMMER ( ) 16

16, 20, 24, 28, [ ] 17

REGEL IMMER ( ) 18

33, 36, 30, 33, [ ] 19

REGEL IMMER ( ) ( ) 20

26, 24, 28, 26, [ ] 21

REGEL IMMER ( ) ( ) 22

44, 46, 42, 44, [ ] 23

REGEL IMMER ( ) ( ) 24

LÖSUNG

19	23
27	16
29	19
30	14
32	15
40	17

+3	3
+4	20
-2	24

+2	-4	13
+3	-6	18
-2	+4	4

24

	PREIS	GEGEBEN	ZURÜCK
1	92€ 55ct	20 EURO, 20 EURO, 20 EURO, 20 EURO, 20 EURO	
2	84€ 57ct	50 EURO, 20 EURO, 10 EURO, 10 EURO	
3	72€ 35ct	20 EURO, 20 EURO, 20 EURO, 10 EURO, 10 EURO	
4	40€ 35ct	10 EURO, 10 EURO, 10 EURO, 10 EURO, 5 EURO	
5	60€ 63ct	50 EURO, 5 EURO, 5 EURO, 5 EURO	
6	52€ 44ct	20 EURO, 20 EURO, 10 EURO, 10 EURO	
7	70€ 25ct	50 EURO, 10 EURO, 10 EURO, 5 EURO	
8	32€ 24ct	20 EURO, 10 EURO, 10 EURO	
9	74€ 33ct	20 EURO, 50 EURO, 10 EURO	
10	80€ 44ct	20 EURO, 20 EURO, 20 EURO, 20 EURO, 5 EURO	
11	44€ 24ct	20 EURO, 10 EURO, 10 EURO, 10 EURO	
12	64€ 36ct	20 EURO, 20 EURO, 20 EURO, 10 EURO	

Au ja, einkaufen liiiiebe ich!
Und mit Geld kann ich
SUPER gut umgehen. Ich weiß
zum Beispiel genau, was ein
Mopswelpe kostet. Nämlich
ziemlich genau sechseinhalb
Jahre Taschengeld. SEUFZ.
Hier krieg ich schon mal jede
Menge Geld zurück. **Wieviel?**

LÖSUNG

17	4€ 37ct	5	5€ 67ct
18	4€ 56ct	3	5€ 76ct
9	4€ 65ct	10	7€ 45ct
13	4€ 75ct	2	7€ 56ct
1	5€ 43ct	6	7€ 65ct
14	5€ 64ct	4	7€ 76ct

RECHNEN MIT GELD

SHOPPING!
Diese Aufgabe habe ich erstmal umgeschrieben, so habe ich das schneller kapiert. Los, berechne nach ***meiner*** Preisliste.

- Marzipanschokolade - 7 €
- Fernseher - 49 €
- MP3-Player - 36 €
- Fotohandy - 14 €
- Hundewelpe - 25 €
- Hundeleine - 19 €
- Wii-Konsole - 22 €
- Waveboard - 28 €
- Hundekekse - 16 €

Berenike hat 90 €. Sie kauft eine Wii-Konsole, ein Fotohandy und Hundekekse.

13 **Berenike bezahlt ____ €.**
14 **Sie behält ____ € übrig.**

Cheyenne hat 70 €. Sie kauft uns drei Marzipanschokoladen und einen Hundewelpen.

15 **Cheyenne bezahlt ____ €.**
16 **Sie behält ____ € übrig.**

Papa hat 85 €. Er kauft ein Waveboard und einen Fernseher. Den bekommt er sogar 10 € billiger.

17 **Papa bezahlt ____ €.**
18 **Er behält ____ € übrig.**

Mama hat 100 €. Sie kauft einen coolen MP3-Player und zwei Wii-Konsolen.

19 **Mama bezahlt ____ €.**
20 **Sie behält ____ € übrig.**

Paul hat 80 €. Er kauft ein Fotohandy, zwei Hundekekse und eine Hundeleine.

21 **Paul bezahlt ____ €.**
22 **Er behält ____ € übrig.**

Der Pandabär hat 50 €. Er kauft ein Waveboard zum halben Preis und einen Welpen.

23 **Der Panda bezahlt ____ €.**
24 **Er behält ____ € übrig.**

ÖSUNG

11	15	18	20	24	38	39	46	52	65	67	80
24	8	12	16	21	7	15	11	22	23	19	20

TAGE WOCHEN MONATE

JANUAR

Mo		7	14	21	28
Di	1	8	15	22	29
Mi	2	9	16	23	30
Do	3	10	17	24	31
Fr	4	11	18	25	
Sa	5	12	19	26	
So	6	13	20	27	

FEBRUAR

Mo		4	11	18	25
Di		5	12	19	26
Mi		6	13	20	27
Do		7	14	21	28
Fr	1	8	15	22	29
Sa	2	9	16	23	
So	3	10	17	24	

MÄRZ

Mo		3	10	17	24	31
Di		4	11	18	25	
Mi		5	12	19	26	
Do		6	13	20	27	
Fr		7	14	21	28	
Sa	1	8	15	22	29	
So	2	9	16	23	30	

Januar, Februar, März? Das sind doch wohl die blödesten Monate, die es gibt. **Kalt und dunkel.** Und draußen spielen geht gar nicht.

Ich hätte ja **Juni, Juli, August** genommen. Sommer, Sonne, **FEEEERIEN!!!** Egal, finde hier das genaue Datum heraus.

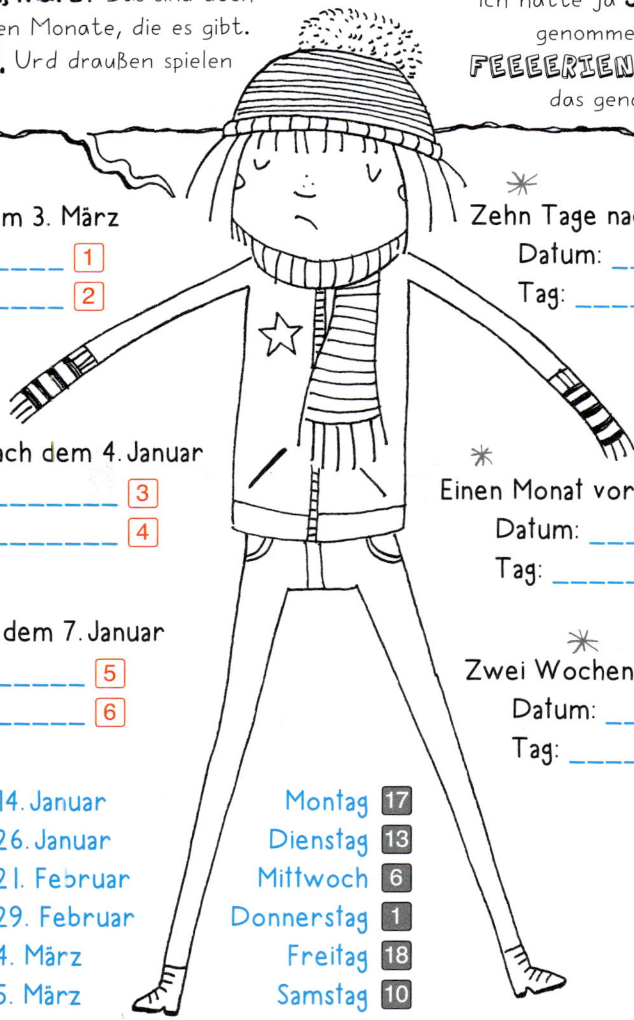

Drei Tage vor dem 3. März
Datum: __________ 1
Tag: ____________ 2

Zwei Monate nach dem 4. Januar
Datum: __________ 3
Tag: ____________ 4

Eine Woche nach dem 7. Januar
Datum: __________ 5
Tag: ____________ 6

Zehn Tage nach dem 11. Februar
Datum: __________ 7
Tag: ____________ 8

Einen Monat vor dem 26. Februar
Datum: __________ 9
Tag: ____________ 10

Zwei Wochen vor dem 19. März
Datum: __________ 11
Tag: ____________ 12

LÖSUNG

- 9 14. Januar
- 22 26. Januar
- 5 21. Februar
- 14 29. Februar
- 21 4. März
- 2 5. März

- Montag 17
- Dienstag 13
- Mittwoch 6
- Donnerstag 1
- Freitag 18
- Samstag 10

UHRZEIT

Hihi, ich hab mir die ganze Zeit überlegt, was man in der jeweiligen Zeit alles machen kann: 1 h 5 min? So lange braucht Mama morgens im Bad. Manchmal sogar noch länger. 2h 30min? Da passt eine **Blockflötenstunde** plus Erholung davon rein. Danach geht's wieder. Und wie lange brauchst du für das Lösen dieser Aufgabe?

13 Von  bis 

14 Von  bis 

15 Von  bis 

16 Von  bis 

17 Von  bis 

18 Von  bis 

19 Von

bis

20 Von

bis

21 Von

bis

22 Von

bis

23 Von

bis

24 Von

bis

LÖSUNG

8 1 h 5 min	23 1 h 40 min	11 2 h 25 min	19 3 h 20 min
16 1 h 15 min	24 2 h 5 min	15 2 h 30 min	3 3 h 25 min
7 1 h 20 min	20 2 h 10 min	4 3 h 15 min	12 3 h 40 min

DATEN

Klasse 1a:	23 Schüler
Klasse 1b:	20 Schüler
Klasse 2a:	21 Schüler
Klasse 2b:	18 Schüler
Klasse 3a:	19 Schüler
Klasse 3b:	25 Schüler
Klasse 4a:	26 Schüler
Klasse 4b:	22 Schüler

1. Wie viele Schüler sind insgesamt in den Klassen 3b und 4b?
2. Wie viele Schüler sind insgesamt in den Klassen 2a und 3a?
3. Wie viele Schüler sind insgesamt im 2. Schuljahr?
4. Wie viele Schüler sind insgesamt im 4. Schuljahr?
5. Wie viele Schüler sind insgesamt im 3. Schuljahr?
6. Wie viele Schüler sind insgesamt im 1. Schuljahr?
7. Wie viele Schüler sind insgesamt in den b-Klassen?
8. Von jeder Klasse sind 4 Schüler im Chor. Wie viele sind das?
9. Wie viele Schüler sind insgesamt in den beiden Klassen mit den meisten Schülern?
10. Wie viele Schüler sind insgesamt in den a-Klassen?
11. Von jeder Klasse sind 3 Schüler noch auf dem Schulhof. Wie viele sind das?
12. Wie viele Schüler sind insgesamt in den beiden Klassen mit den wenigsten Schülern?

LÖSUNG	24	32	37	39	40	43	44	47	48	51	85	89
	8	19	22	18	15	16	11	13	2	5	21	24

UND TABELLEN

FAHRPLAN

HORNEBURG	8:05	9:05
EISENBERG	8:15	9:15
NEUSTADT	8:20	9:20
EICHHOLZ	8:35	9:35
ALTKIRCHEN	8:55	9:55
WALDHAUSEN	8:58	9:58

13 von HORNEBURG → nach EICHHOLZ

14 von EICHHOLZ → nach WALDHAUSEN

15 von NEUSTADT → nach ALTKIRCHEN

16 von NEUSTADT → nach EICHHOLZ

17 von EISENBERG → nach NEUSTADT

18 von HORNEBURG → nach EISENBERG

LÖSUNG

9 5 min | 6 10 min | 14 15 min | 3 23 min | 1 30 min | 17 35 min

Also Bahnfahren ist schon SUPER. 
Am liebsten mag ich das Zugrestaurant.
Da spiele ich immer Verstecken unter den Tischen und schaue mir die Schuhe von den Leuten an. Mann, sind die super oft super **dreckig!** Gerade die von den ganzen Anzugmenschen. Aber für das Zugrestaurant lohnen sich die kurzen Fahrten hier ja fast gar nicht. **Wie lange dauern die eigentlich?**

Finn kommt aus Eisenberg. Er will um 9:45 Uhr in Eichholz sein. 
Wann muss er losfahren? 19

Emma ist grad in Neustadt. Sie muss um 9:00 Uhr in Altkirchen sein.
Wann fährt sie ab?  20

Casimir steckt in Horneburg fest.  Er will aber um 10:00 Uhr in Waldhausen sein. Wann fährt er los? 21

Liv-Grete kommt aus Eisenberg. Sie möchte um 8:45 Uhr in Eichholz sein. 
Wann fährt sie deshalb los? 22

Wann kann Frau Kackert in Eichholz losfahren, wenn sie um 8:40 Uhr am Bahnhof ist? 23

Hanna ist schon um 8:30 Uhr am Bahnhof in Eichholz. 
Wann kann sie abfahren. 24

LÖSUNG

4 8:15 Uhr | 7 8:20 Uhr
12 8:35 Uhr | 23 9:05 Uhr
10 9:15 Uhr | 20 9:35 Uhr

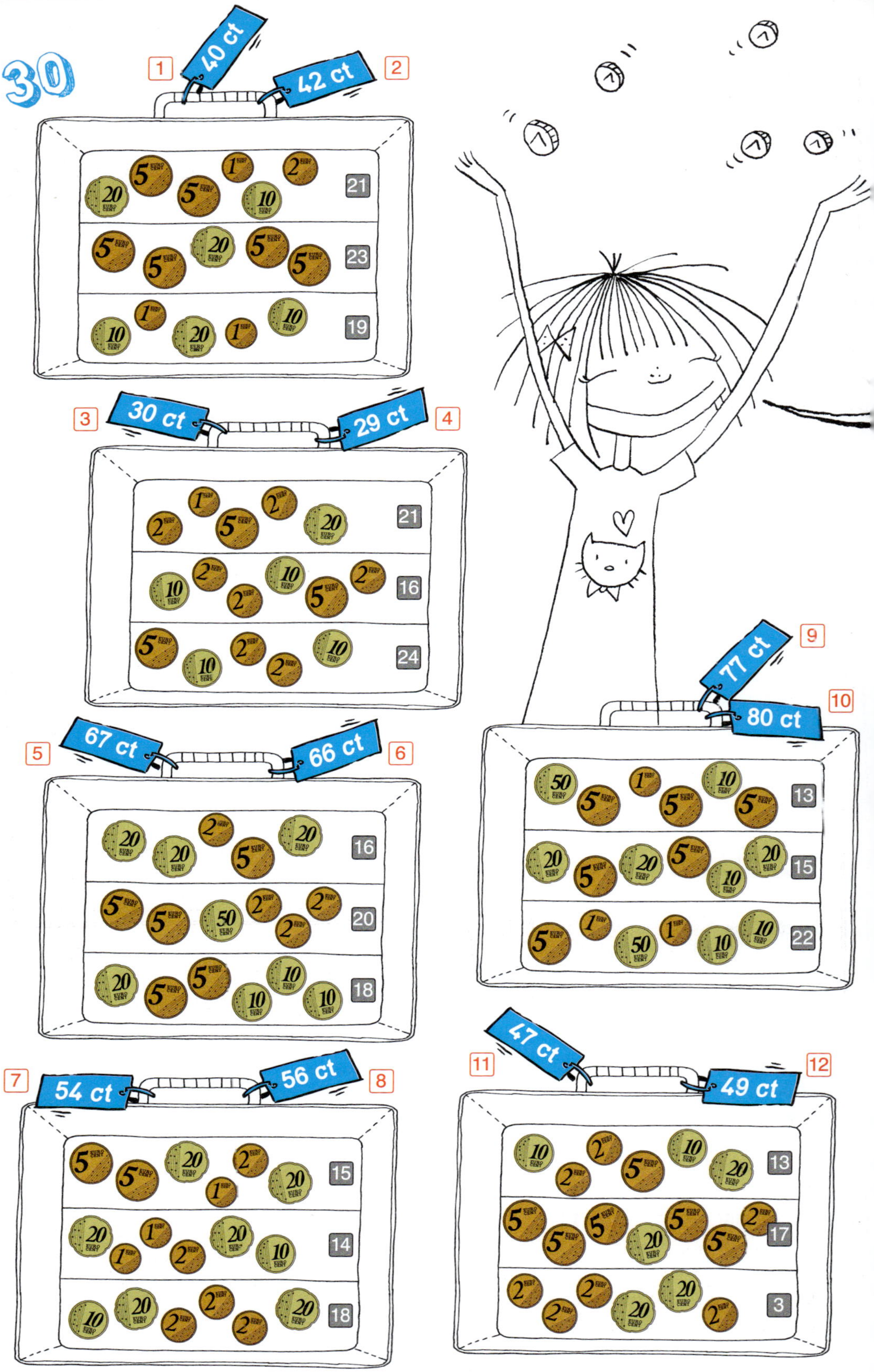
1
40 ct
2
42 ct
21
23
19
3
30 ct
4
29 ct
21
16
24
5
67 ct
6
66 ct
16
20
18
7
54 ct
8
56 ct
15
14
18
9
77 ct
10
80 ct
13
15
22
11
47 ct
12
49 ct
13
17
3

Ich stell mir immer vor, wie ich auf dem Weg zur Schule an der BANK vorbeikomme und in dem Moment kommt ein Mann rausgerast mit so einem Koffer in der Hand, den lässt er **plötzlich** fallen und rennt weiter. Ich hebe den Koffer auf und gehe einfach ganz ruhig weiter zur Schule. Dort verstecke ich ihn dann erstmal auf der Toilette. Später zähle ich mit Cheyenne das ganze Geld durch und **wir sind reich!!!** So wie hier: Welche Summe ergibt den Betrag auf dem Schild.

KOMBINATORIK

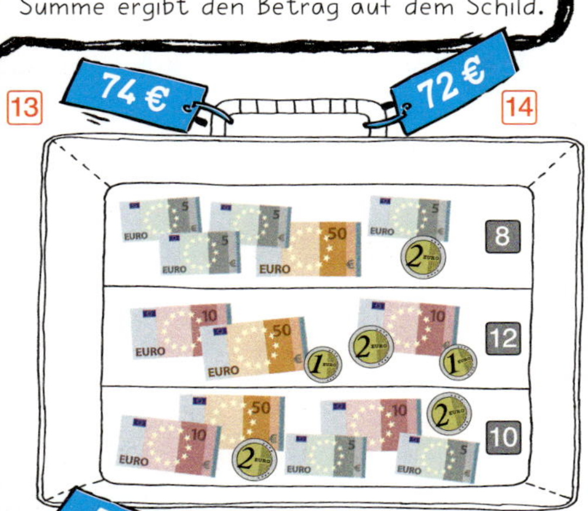

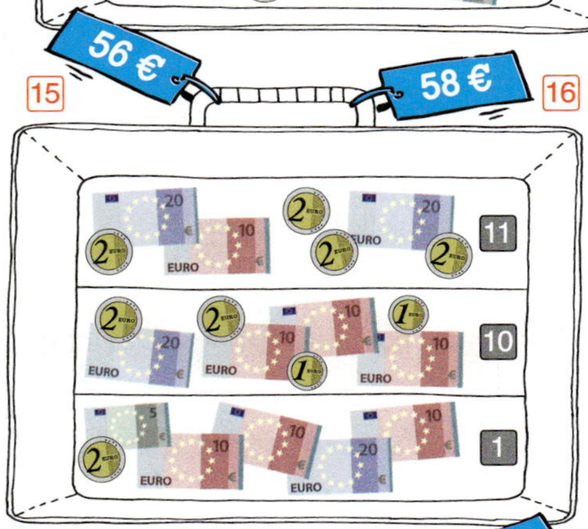

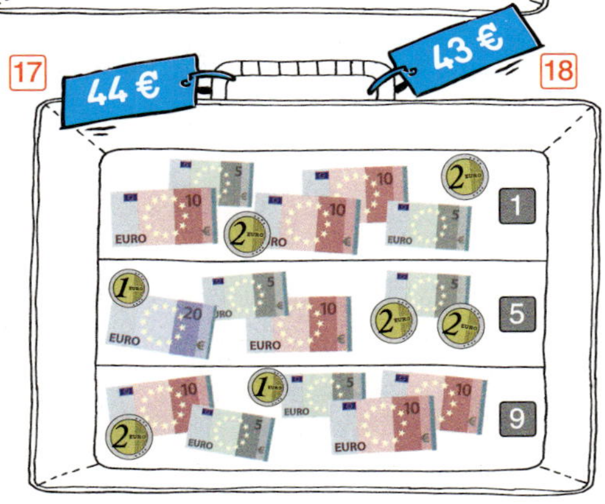

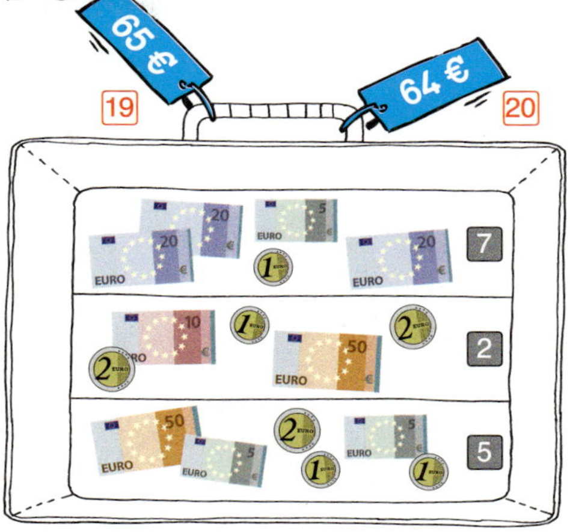

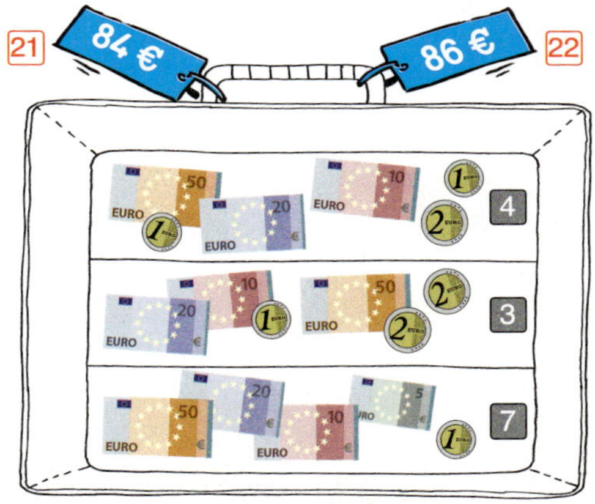

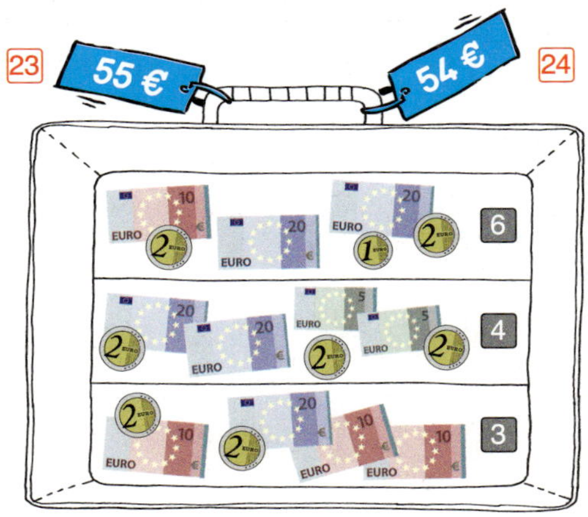

Zahlen in der Badewanne? Wer kommt denn auf so was? Egal, das ist die **LETZTE** Aufgabe: Addiere einfach **jeweils zwei** von diesen Zahlen und du bist **FERTIG!**

1 Das Ergebnis ist 58

2 Das Ergebnis ist 47

3 Das Ergebnis ist 34

4 Das Ergebnis ist 72

5 Das Ergebnis ist 30

6 Das Ergebnis ist 31

7 Das Ergebnis ist 38

8 Das Ergebnis ist 43

9 Das Ergebnis ist 69

10 Das Ergebnis ist 42

11 Das Ergebnis ist 59

12 Das Ergebnis ist 33

13 Das Ergebnis ist >74

14 Das Ergebnis ist 66 - 25

15 Ergebnis von 16 weniger als 60

16 Das Ergebnis ist 93-43

17 Das Ergebnis ist 71 - 25

18 Das Ergebnis ist 92-28

19 Das Ergebnis ist <26

20 Das Ergebnis ist 80 - 15

21 Ergebnis von 15 mehr als 40

22 Das Ergebnis ist 65-26

23 Das Ergebnis ist 88-37

24 Das Ergebnis ist 74-18

LÖSUNG

18	11 + 14
22	11 + 45
12	11 + 20
6	14 + 27
23	14 + 19
19	14 + 45
16	19 + 11
17	19 + 27
1	19 + 31
9	19 + 45
5	20 + 19
11	20 + 27
4	20 + 14
24	24 + 14
10	24 + 20
20	24 + 19
14	27 + 24
15	31 + 11
21	31 + 24
7	31 + 27
13	45 + 20
3	45 + 24
8	45 + 27
2	45 + 31